伝票

1 　次の取引を下記の伝票に記入しなさい。なお，伝票番号は伝票の種類ごとに№1から付けること。

1月10日　青森商店に次の商品を売り渡し，代金は同店振り出しの小切手で受け取った。

　　　　　　A 品　　200個　　@¥600　　¥120,000

　13日　秋田商店から次の商品を仕入れ，代金は現金で支払った。

　　　　　　B 品　　500個　　@¥400　　¥200,000

　14日　岩手商店に対する買掛金¥390,000を小切手#15を振り出して支払った。

　16日　宮城商店に次の商品を売り渡し，代金のうち¥50,000は現金で受け取り，残額は掛けとした。

　　　　　　B 品　　300個　　@¥500　　¥150,000

　17日　山形商会から事務用のコンピュータ¥200,000を買い入れ，代金は現金で支払った。

入　金　伝　票		
令和〇年　　月　　日　　No.		
科目　　　　　　　　　入金先　　　　　　殿		
摘　　　　要	金	額
合　　　　計		

入　金　伝　票		
令和〇年　　月　　日　　No.		
入金先　　　　　　殿		
要	金	額
計		

出　金　伝　票		
令和〇年　　月　　日　　No.		
科目　　　　　　　　　支払先　　　　　　殿		
摘　　　　要	金	額
合　　　　計		

出　金　伝　票		
令和〇年　　月　　日　　No.		
科目　　　　　　　　　支払先　　　　　　殿		
摘　　　　要	金	額
合　　　　計		

振　替　伝　票				
令和〇年　　月　　日　　　　　　　　　　No.				
勘　定　科　目	借　　　方	勘　定　科　目	貸　　　方	
合　　　　計		合　　　　計		
摘要				

振　替　伝　票				
令和〇年　　月　　日　　　　　　　　　　No.				
勘　定　科　目	借　　　方	勘　定　科　目	貸　　　方	
合　　　　計		合　　　　計		
摘要				

2　　次の取引を下記の略式の伝票に記入しなさい。なお，仕入・売上の各取引については，すべていったん全額を掛け取引として処理する方法で起票している。

　　4月2日　大分商店から商品¥240,000を仕入れ，代金は現金で支払った。

振替伝票（借方）		振替伝票（貸方）	
（　　　　　）（　　　　　）		（　　　　　）（　　　　　）	

出　金　伝　票	
（　　　　　）（　　　　　）	

　　5月8日　熊本商店に商品¥520,000を売り渡し，代金のうち¥200,000は同店振り出しの小切手で受け取り，ただちに当座預金口座に預け入れ，残額は掛けとした。

振替伝票（借方）		振替伝票（貸方）	
（　　　　　）（　　　　　）		（　　　　　）（　　　　　）	

振替伝票（借方）		振替伝票（貸方）	
（　　　　　）（　　　　　）		（　　　　　）（　　　　　）	

　　6月2日　別府商店に商品¥270,000を売り渡し，代金はさきに受け取っていた内金¥100,000を差し引き，残額は同店振り出しの小切手で受け取った。

振替伝票（借方）		振替伝票（貸方）	
（　　　　　）（　　　　　）		（　　　　　）（　　　　　）	

振替伝票（借方）		振替伝票（貸方）	
（　　　　　）（　　　　　）		（　　　　　）（　　　　　）	

入　金　伝　票	
（　　　　　）（　　　　　）	

3　　静岡商店の6月1日の略式の伝票から，仕訳集計表（日計表）を作成しなさい。また，各伝票から売掛金元帳に記入しなさい。なお，売掛金元帳の記入は，日付と金額を示せばよい。

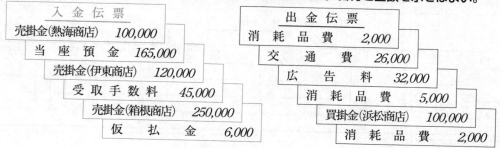

入　金　伝　票
売掛金(熱海商店)　100,000
当　座　預　金　165,000
売掛金(伊東商店)　120,000
受　取　手　数　料　45,000
売掛金(箱根商店)　250,000
仮　払　金　6,000

出　金　伝　票
消　耗　品　費　2,000
交　通　費　26,000
広　告　料　32,000
消　耗　品　費　5,000
買掛金(浜松商店)　100,000
消　耗　品　費　2,000

振替伝票（借方）	振替伝票（貸方）
売掛金(熱海商店) 280,000	売　　　上 280,000
広　告　料 70,000	当　座　預　金 70,000
売掛金(伊東商店) 370,000	売　　　上 370,000
当　座　預　金 150,000	売掛金(熱海商店) 150,000
買掛金(御殿場商店) 89,000	当　座　預　金 89,000
仕　　　入 207,000	買掛金(浜松商店) 207,000
売掛金(箱根商店) 400,000	売　　　上 400,000
旅　　　費 44,000	仮　払　金 44,000

仕　訳　集　計　表
令和○年6月1日

借　　方	元丁	勘定科目	元丁	貸　　方
		現　　　金		
		当　座　預　金		
		売　　掛　　金		
		仮　　払　　金		
		買　　掛　　金		
		売　　　上		
		受取手数料		
		仕　　　入		
		広　　告　　料		
		交　　通　　費		
		旅　　　費		
		消　耗　品　費		

売　掛　金　元　帳

伊　東　商　店	1		熱　海　商　店	2
6/1 前月繰越 150,000			6/1 前月繰越 160,000	

箱　根　商　店	3
6/1 前月繰越 80,000	

手形取引

1 　次の取引について高知商店と徳島商店の仕訳を示しなさい。

3月8日　高知商店は，徳島商店に商品￥400,000を売り渡し，代金は次の約束手形#7を受け取った。

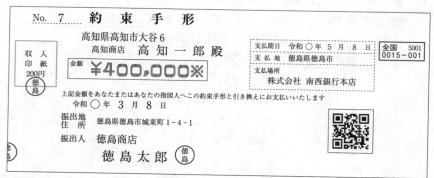

5月8日　高知商店は，取り立てを依頼していた上記の徳島商店振り出しの約束手形#7 ￥400,000が，期日に当座預金に入金したむねの通知を取引銀行から受けた。

		借　　　　　方	貸　　　　　方
高知	3／8		
商店	5／8		
徳島	3／8		
商店	5／8		

2 　次の取引の仕訳を示しなさい。

(1)　宮崎商店に商品￥480,000を売り渡し，代金のうち￥300,000は同店振り出しの約束手形で受け取り，残額は掛けとした。

(2)　さきに，長崎商店あてに振り出していた約束手形￥240,000が，本日満期となり，当座預金から支払った。

(3)　佐賀商店から商品￥350,000を仕入れ，代金として，さきに熊本商店から受け取っていた約束手形￥200,000を裏書譲渡し，残額は掛けとした。

(4)　得意先姫路商店から商品代金として受け取っていた約束手形￥400,000を取引銀行で割り引き，割引料￥2,000を差し引かれた手取金￥398,000は当座預金とした。

	借　　　　　方	貸　　　　　方
(1)		
(2)		
(3)		
(4)		

3　次の取引の仕訳を示し，受取手形記入帳と支払手形記入帳に記入しなさい。

6月2日　池袋商店に商品￥250,000を売り渡し，代金は同店振り出しの次の約束手形を受け取った。
　　　　　　　池袋商店振り出し，当店あて　約束手形#7　￥250,000
　　　　　　　振出日　6月2日　　支払期日　7月2日　　支払場所　東西銀行

　　5日　かねて商品代金として受け取っていた目黒商店振り出し，当店あての約束手形#14￥300,000が本日満期となり，当店の当座預金口座に入金したとの連絡を取引銀行から受けた。

　　7日　品川商店から商品￥130,000を仕入れ，代金は次の約束手形を振り出して支払った。
　　　　　　　当店振り出し，品川商店あて　約束手形#9　￥130,000
　　　　　　　振出日　6月7日　　支払期日　7月7日　　支払場所　南北銀行

　　9日　渋谷商店から売掛金￥520,000の回収として，同店振り出しの次の約束手形を受け取った。
　　　　　　　渋谷商店振り出し，当店あて　約束手形#2　￥520,000
　　　　　　　振出日　6月9日　　支払期日　8月9日　　支払場所　東西銀行

　18日　新宿商店から商品￥300,000を仕入れ，代金は2日に受け取った池袋商店振り出しの約束手形#7￥250,000を裏書譲渡し，残額は掛けとした。

　20日　9日に受け取った渋谷商店振り出しの約束手形#2￥520,000を取引銀行で割り引き，割引料￥2,000を差し引かれた手取金￥518,000は当座預金とした。

　28日　さきに掛け代金の支払いとして振り出した荒川商店あての約束手形#8￥280,000が本日満期となり，当店の当座預金口座から支払われたとの通知を受けた。

	借　　方	貸　　方
6／2		
5		
7		
9		
18		
20		
28		

受 取 手 形 記 入 帳　　　　4

令和○年		摘要	金　額	手形種類	手形番号	支払人	振出人または裏書人	振出日		支払期日		支払場所	てん末		
													月	日	摘要
4	5	売り上げ	300,000	約手	14	目黒商店	目黒商店	4	5	6	5	東西銀行			

支 払 手 形 記 入 帳　　　　4

令和○年		摘要	金　額	手形種類	手形番号	受取人	振出人	振出日		支払期日		支払場所	てん末		
													月	日	摘要
5	28	買掛金支払い	280,000	約手	8	荒川商店	当　店	5	28	6	28	南北銀行			

6

4 次の取引について，山梨商店と静岡商店の仕訳を示しなさい。

山梨商店は，さきに商品代金として受け取っていた静岡商店振り出し，当店あての約束手形¥800,000について，同店から支払い延期の申し込みを受け，これを承諾して，新しい手形と古い手形を交換した。なお，支払延期にともなう利息¥4,000は現金で受け取った。

	借　　　方	貸　　　方
山梨商店		
静岡商店		

5 次の取引の仕訳を示しなさい。

(1) かねて，商品代金として受け取っていた北西商店振り出しの約束手形¥240,000が不渡りとなったので，北西商店に償還請求した。なお，償還請求に要した諸費用¥3,000は現金で支払った。

(2) 北西商店から，上記(1)の請求金額¥243,000と支払期日以降の利息¥1,000を現金で受け取った。

(3) かねて，商品代金として受け取っていた東西商店振り出しの約束手形¥300,000が不渡りとなり，償還請求の諸費用¥1,000とあわせて請求していたが，本日，全額が回収不能となったので，貸し倒れとして処理した。なお，貸倒引当金勘定の残高が¥180,000ある。

	借　　　方	貸　　　方
(1)		
(2)		
(3)		

6 次の取引の仕訳を示しなさい。

(1) 営業用のトラック¥2,000,000を購入し，代金は約束手形¥2,000,000を振り出して渡した。

(2) 島根商店に帳簿価額¥6,000,000の土地を¥6,700,000で売却し，代金は同店振り出しの約束手形¥6,700,000を受け取った。

	借　　　方	貸　　　方
(1)		
(2)		

有価証券

1　次の取引の仕訳を示しなさい。
(1)　売買目的で佐原商事株式会社の株式20株を1株につき¥67,000で買い入れ，代金は現金で支払った。
(2)　売買目的で保有している佐原商事株式会社の株式10株（1株の帳簿価額¥67,000）を1株につき¥80,000で売却し，代金は当店の当座預金口座に振り込まれた。
(3)　売買目的で香取商事株式会社の株式40株を1株につき¥70,000で買い入れ，代金は買入手数料¥40,000とともに小切手を振り出して支払った。
(4)　売買目的で保有している香取商事株式会社の株式20株（1株の帳簿価額¥71,000）を1株につき¥68,000で売却し，代金は月末に受け取ることにした。

	借　　方	貸　　方
(1)		
(2)		
(3)		
(4)		

2　次の取引の仕訳を示しなさい。
(1)　売買目的で千葉商事株式会社の額面¥5,000,000の社債を額面¥100につき¥97で買い入れ，代金は小切手を振り出して支払った。
(2)　売買目的で保有する額面¥2,000,000の君津商事株式会社の社債を額面¥100につき¥98で売却し，代金は現金で受け取った。ただし，この社債の帳簿価額は額面¥100につき¥97である。
(3)　売買目的で勝浦商事株式会社の額面¥3,000,000の社債を額面¥100につき¥95で買い入れ，代金は買入手数料¥100,000とともに月末に支払うことにした。
(4)　売買目的で保有する額面¥4,000,000の佐倉商事株式会社の社債を額面¥100につき¥97で売却し，代金は当店の当座預金口座に振り込まれた。ただし，この社債の帳簿価額は額面¥100につき¥98である。

	借　　方	貸　　方
(1)		
(2)		
(3)		
(4)		

本支店会計

[1]　次の取引について，本店と支店の仕訳を示し，本店勘定と支店勘定に転記しなさい。勘定口座には番号と金額を記入すること。

(1)　本店は支店を開設し，現金¥500,000　備品¥300,000を送付した。支店はこれを受け取った。

(2)　本店は，支店の売掛金¥320,000を小切手で回収した。支店はこの連絡を受けた。

(3)　支店は，本店の買掛金¥190,000を現金で支払った。本店はこの連絡を受けた。

(4)　本店は，通信費¥200,000を現金で支払った。ただし，このうち¥80,000は支店の負担分である。支店はこの連絡を受けた。

(5)　本店は，支店に商品¥170,000（原価）を送付した。支店はこれを受け取った。

(6)　支店は，本店が送付した商品のうち¥20,000（原価）を本店に返送した。本店はこれを受け取った。

		借　　方	貸　　方
(1)	本店		
	支店		
(2)	本店		
	支店		
(3)	本店		
	支店		
(4)	本店		
	支店		
(5)	本店		
	支店		
(6)	本店		
	支店		

総勘定元帳（本店）
支　　店

総勘定元帳（支店）
本　　店

[2]　次の取引について，本店と支店の仕訳を示しなさい。

(1)　支店は，決算において当期純利益¥230,000を計上した。本店はこの連絡を受けた。

(2)　支店は，決算において当期純損失¥190,000を計上した。本店はこの連絡を受けた。

		借　　方	貸　　方
(1)	本店		
	支店		
(2)	本店		
	支店		

3　次の取引について，本店および各支店の仕訳を示しなさい。ただし，本店集中計算制度を採用している。

(1)　栃木支店は，足利支店の当座預金口座に現金¥100,000を振り込んだ。本店および足利支店はこの連絡を受けた。

(2)　佐野支店は，宇都宮支店に商品¥390,000（原価）を送付し，宇都宮支店はこれを受け取った。本店はこの連絡を受けた。

(3)　大宮支店は，春日部支店の売掛金¥250,000を現金で回収した。本店および春日部支店はこの連絡を受けた。

(4)　川口支店は，浦和支店の買掛金¥160,000を小切手を振り出して支払った。本店および浦和支店はこの連絡を受けた。

(5)　秩父支店は，日高支店の従業員の旅費¥45,000を現金で立て替え払いした。本店および日高支店はこの連絡を受けた。

(6)　所沢支店は，広告料¥460,000を小切手を振り出して支払った。ただし，このうち¥100,000は狭山支店の負担分であり，¥240,000は本店の負担分である。

		借　　方	貸　　方
(1)	本　店		
	栃木支店		
	足利支店		
(2)	本　店		
	佐野支店		
	宇都宮支店		
(3)	本　店		
	大宮支店		
	春日部支店		
(4)	本　店		
	川口支店		
	浦和支店		
(5)	本　店		
	秩父支店		
	日高支店		
(6)	本　店		
	所沢支店		
	狭山支店		

4 岩手商店の令和○年12月31日における本店・支店それぞれの総勘定元帳勘定残高および付記事項と決算整理事項は次のとおりであった。よって，

(1) 本店・支店それぞれの損益計算書と貸借対照表を完成しなさい。

(2) 支店の純損益を本店に振り替える仕訳を示しなさい。

(3) 合併損益計算書と合併貸借対照表を作成しなさい。

本店の元帳勘定残高

現　　　金	¥507,000	売　掛　金	¥400,000	貸倒引当金	¥11,000
繰越商品	420,000	備　　品	1,040,000	支　　店	823,000
買掛金	324,000	借入金	500,000	資本金	2,000,000
売　上	1,930,000	仕　入	1,002,000	給　料	240,000
広告料	157,000	支払家賃	174,000	支払利息	2,000

支店の元帳勘定残高

現　　　金	¥253,000	売　掛　金	¥300,000	貸倒引当金	¥5,000
繰越商品	230,000	備　　品	520,000	買　掛　金	265,000
本　店	823,000	売　上	980,000	仕　入	503,000
給　料	126,000	広告料	51,000	支払家賃	90,000

付記事項

① 本店の広告料のうち¥30,000は支店の負担分とする。

決算整理事項

a. 期末商品棚卸高　　本店 ¥590,000　　支店 ¥250,000

b. 貸倒見積高　　本店・支店とも売掛金残高の3％と見積もり，貸倒引当金を設定する。

c. 備品減価償却高　　本店 ¥260,000　　支店 ¥130,000

（直接法によって記帳している）

(1)

本店損益計算書

岩手商店　　　令和○年1月1日から令和○年12月31日まで　　　（単位：円）

費　用	金　額	収　益	金　額
売上原価		売上高	
給　料			
広告料			
支払家賃			
貸倒引当金繰入			
減価償却費			
支払利息			
当期純利益			

本店貸借対照表

岩手商店　　　令和○年12月31日　　　（単位：円）

資　産	金　額	負債および純資産	金　額
現　金		買掛金	
売掛金（　　　）		借入金	
貸倒引当金（　　　）		資本金	
商　品		当期純利益	
備　品			
支　店			

支 店 損 益 計 算 書

岩手商店　　　令和◯年 1 月 1 日から令和◯年 12 月 31 日まで　　　（単位：円）

費　　　　　用	金　　　額	収　　　　　益	金　　　額
売　上　原　価		売　　上　　高	
給　　　　　料			
広　　告　　料			
支　払　家　賃			
貸倒引当金繰入			
減　価　償　却　費			
当　期　純　利　益			

支 店 貸 借 対 照 表

岩手商店　　　令和◯年 12 月 31 日　　　（単位：円）

資　　　　　産	金　　　額	負債および純資産	金　　　額
現　　　　　金		買　掛　金	
売　掛　金　（　　　　　）		本　　　店	
貸倒引当金（　　　　　）		当期純利益	
商　　　　　品			
備　　　　　品			

(2)　支店の純損益を本店に振り替える仕訳

	借　　　　　方	貸　　　　　方
本　店		
支　店		

(3)

合 併 損 益 計 算 書

岩手商店　　　令和◯年 1 月 1 日から令和◯年 12 月 31 日まで　　　（単位：円）

費　　　　　用	金　　　額	収　　　　　益	金　　　額

合 併 貸 借 対 照 表

岩手商店　　　令和◯年 12 月 31 日　　　（単位：円）

資　　　　　産	金　　　額	負債および純資産	金　　　額

決算整理

1　次の資料によって，決算（年1回　12月31日）に必要な仕訳を示し，下記の各勘定に転記し，損益勘定以外の勘定を締め切りなさい。

資料：期末商品棚卸高　¥170,000

	借　方	貸　方
整理仕訳		
振替仕訳		

繰 越 商 品

1/1 前期繰越 140,000

売　上
1,255,000

仕　入
940,000

損　益

2　次の元帳勘定残高（一部）と決算整理事項によって，決算（年1回　12月31日）に必要な仕訳を示し，下記の各勘定に転記して締め切りなさい。

元帳勘定残高（一部）

受 取 手 形 ¥650,000　売 掛 金 ¥1,500,000　貸 倒 引 当 金 ¥31,000

決算整理事項

a．貸倒見積高　受取手形と売掛金の期末残高に対して2％と見積もり，貸倒引当金を設定する。

	借　方	貸　方
整理仕訳		
振替仕訳		

貸 倒 引 当 金

6/15 売掛金 25,000 ｜ 1/1 前期繰越 56,000

貸倒引当金繰入

3　次の元帳勘定残高（一部）と決算整理事項によって，決算（年1回　12月31日）に必要な仕訳を示し，下記の各勘定に転記して締め切りなさい。

元帳勘定残高（一部）

有 価 証 券 ¥1,330,000

決算整理事項

a．有価証券評価高　売買目的で保有する次の株式について，時価によって評価する。

京都商事株式会社　20株　時 価 1株 ¥65,000

	借　方	貸　方
整理仕訳		
振替仕訳		

有 価 証 券
1,330,000

有価証券評価損

4 　前ページ 3．の決算整理事項において，京都商事株式会社の株式の時価が 1 株につき¥68,000の
ときの決算整理仕訳を示しなさい。

	借　　　方	貸　　　方
整理仕訳		

5 　次の元帳勘定残高（一部）と決算整理事項によって，決算（年 1 回　12月31日）に必要な仕訳
を示し，下記の各勘定に転記して締め切りなさい。

元帳勘定残高（一部）

　備　　　　　品　*1,500,000*　　備品減価償却累計額　*500,000*

決算整理事項

　a．減価償却高　　定額法による。ただし，残存価額は零（ 0 ）　耐用年数は 6 年とする。

	借　　　方	貸　　　方
整理仕訳		
振替仕訳		

備　　　　　品

1/1 前期繰越 *1,500,000*

備品減価償却累計額

1/1 前期繰越 *500,000*

減 価 償 却 費

6 　第 1 期の期首に取得した備品について，定率法によって減価償却費を計算し，次の表を完成し
なさい。ただし，取得原価は¥1,500,000　償却率は20%とする。

	減価償却費	減価償却累計額
第 1 期末	¥	¥
第 2 期末	¥	¥
第 3 期末	¥	¥

7 　次の一連の取引の仕訳を示し，下記の勘定口座に転記して締め切りなさい。

3 月 1 日　　1年分の火災保険料¥144,000を現金で支払った。

12月31日　　決算にあたり，保険料の前払高を次期に繰り延べた。

　〃日　　保険料勘定の残高（当期分）を損益勘定に振り替えた。

1 月 1 日　　前期から繰り越された前払保険料を再振替した。

	借　　　方	貸　　　方
3 / 1		
12/31		
〃		
1 / 1		

保　　険　　料

前払保険料

8　次の一連の取引の仕訳を示し，下記の勘定口座に転記して締め切りなさい。

10月1日　10月から翌年2月までの5か月分の家賃 ¥400,000 を現金で受け取った。

12月31日　決算にあたり，家賃の前受高を次期に繰り延べた。

〃日　受取家賃勘定の残高（当期分）を損益勘定に振り替えた。

1月1日　前期から繰り越された前受家賃を再振替した。

	借　　方	貸　　方
10/ 1		
12/31		
〃		
1/ 1		

受　取　家　賃　　　　　　　　　　前　受　家　賃

9　次の一連の取引の仕訳を示し，下記の勘定口座に転記して締め切りなさい。

12月31日　決算にあたり，3か月分の利息未払高 ¥45,000 を計上した。

〃日　支払利息勘定の残高（当期分）を損益勘定に振り替えた。

1月1日　前期から繰り越された未払利息を再振替した。

3月31日　前期末の未払高と合わせて，6か月分の利息 ¥90,000 を現金で支払った。

	借　　方	貸　　方
12/31		
〃		
1 / 1		
3 /31		

支　払　利　息　　　　　　　　　　未　払　利　息
135,000

10　次の一連の取引の仕訳を示し，次ページの勘定口座に転記して締め切りなさい。

12月31日　決算にあたり，1か月分の家賃未収高 ¥90,000 を計上した。

〃日　受取家賃勘定の残高（当期分）を損益勘定に振り替えた。

1月1日　前期から繰り越された未収家賃を再振替した。

2月28日　前期末の未収高と合わせて，3か月分の家賃 ¥270,000 を現金で受け取った。

	借　　方	貸　　方
12/31		
〃		
1 / 1		
2 /28		

受　取　家　賃		未　収　家　賃	
	990,000		

11　次の元帳勘定残高（一部）と決算整理事項にもとづいて，決算整理仕訳を示しなさい。ただし，決算は年 1 回　決算日は 12 月 31 日である。

元帳勘定残高（一部）

当 座 預 金 ¥（貸方残高）	123,000	受 取 手 形 ¥	1,500,000	売 　掛 　金 ¥	2,100,000
貸 倒 引 当 金	15,000	有 価 証 券	1,270,000	繰 越 商 品	1,210,000
備 　　　　品	2,560,000	備品減価償却累計額	1,120,000	資 　本 　金	6,000,000
引 　出 　金	80,000	仕 　　　　入	10,900,000	支 払 家 賃	770,000
保 　険 　料	255,000	租 税 公 課	42,000	現 金 過 不 足（借方残高）	20,000

決算整理事項

a．期末商品棚卸高　　¥ 1,320,000

b．貸 倒 見 積 高　　受取手形と売掛金の期末残高に対し，それぞれ 1 ％とする。

c．備品減価償却高　　定率法による。ただし，償却率 25 ％とする。

d．有価証券評価高　　有価証券は売買目的で保有している次の株式であり，時価によって評価する。
　　　　　　　　　　　青森商事株式会社　20 株　時　　価　@¥ 60,000

e．収入印紙未使用高　¥ 13,000

f．保 険 料 前 払 高　保険料のうち ¥ 204,000 は，本年 4 月 1 日に 1 年分を支払ったものであり，前払高を次期に繰り延べる。

g．家 賃 未 払 高　　¥ 70,000

h．現金過不足勘定の ¥ 20,000 は雑損とする。

i．当座預金の貸方残高 ¥ 123,000 を当座借越勘定に振り替える。

j．引出金勘定の ¥ 80,000 は整理する。

	借　　　　　方	貸　　　　　方
a		
b		
c		
d		
e		
f		
g		
h		
i		
j		

月　　日　曜日

精算表

東北商店（個人企業　決算年1回　12月31日）決算整理事項は次のとおりである。よって，決算整理仕訳を示し，精算表を完成しなさい。

決算整理事項

- a．期末商品棚卸高　¥870,000
- b．貸倒見積高　受取手形と売掛金の期末残高に対し，それぞれ2％とする。
- c．減価償却高　建物：定額法による。ただし，残存価額は零（0）　耐用年数は25年とする。
  備品：定率法による。ただし，償却率は20％とする。
- d．有価証券評価高　有価証券は売買目的で保有している次の株式であり，時価によって評価する。
  狭山商事株式会社　20株　時　価　@¥73,000
- e．収入印紙未使用高　未使用分¥25,000を貯蔵品勘定により繰り延べる。
- f．保険料前払高　保険料のうち¥540,000は，本年8月1日に1年分を支払ったものであり，前払高を次期に繰り延べる。
- g．地代前受高　¥28,000
- h．利息未収高　¥15,000

	借　　方	貸　　方
a		
b		
c		
d		
e		
f		
g		
h		

精　算　表

令和○年12月31日

勘定科目	残高試算表		整理記入		損益計算書		貸借対照表	
	借　方	貸　方	借　方	貸　方	借　方	貸　方	借　方	貸　方
現　　　金	810,000							
当 座 預 金	1,240,000							
受 取 手 形	650,000							
売 　 掛 　 金	1,500,000							
貸 倒 引 当 金		31,000						
有 価 証 券	1,530,000							
繰 越 商 品	840,000							
貸 　 付 　 金	680,000							
建　　　物	3,800,000							
建物減価償却累計額		1,824,000						
備　　　品	2,000,000							
備品減価償却累計額		720,000						
土　　　地	1,480,000							
支 払 手 形		1,450,000						
買 　 掛 　 金		2,080,000						
資 　 本 　 金		7,000,000						
売　　　上		9,470,000						
受 取 地 代		364,000						
受 取 利 息		12,000						
仕　　　入	4,700,000							
給　　　料	2,940,000							
保 　 険 　 料	704,000							
租 税 公 課	63,000							
雑 　 　 費	14,000							
	22,951,000	22,951,000						
貸倒引当金繰入								
減 価 償 却 費								
有価証券評価（　）								
貯 　 蔵 　 品								
（　　　）保険料								
（　　　）地代								
未 収 利 息								
当期純（　　　）								

損益計算書と貸借対照表の作成

1　　埼玉商店（個人企業　決算年 1 回　12月31日）の総勘定元帳勘定残高と決算整理事項は，次のとおりであった。よって，⑴決算整理仕訳を示し，⑵損益計算書と貸借対照表を完成しなさい。

元帳勘定残高

現　　　　　金	¥ 542,000	当 座 預 金	¥ 3,440,000	受 取 手 形	¥ 1,500,000
売　　掛　　金	2,100,000	貸 倒 引 当 金	21,000	有 価 証 券	1,375,000
繰 越 商 品	1,090,000	備　　　　品	1,920,000	備品減価償却累計額	840,000
支 払 手 形	1,280,000	買　　掛　　金	2,400,000	前 　受 　金	250,000
従業員預り金	50,000	資　　本　　金	6,000,000	売　　　　上	9,860,000
受 取 手 数 料	273,000	仕　　　　入	7,350,000	給　　　　料	895,000
通 　信 　費	50,000	支 払 家 賃	418,000	保 　険 　料	240,000
消 耗 品 費	65,000	雑　　　　費	19,000	現 金 過 不 足	30,000
				（貸 方 残 高）	

決算整理事項

a．期末商品棚卸高　　　¥ 1,140,000

b．貸 倒 見 積 高　　　受取手形と売掛金の期末残高に対し，それぞれ 3 ％とする。

c．備品減価償却高　　　定率法による。ただし，償却率25％とする。

d．有価証券評価高　　　有価証券は売買目的で保有している次の株式であり，時価によって評価する。
　　　　　　　　　　　　　入間商事株式会社　25株　時　　価　@¥ 51,000

e．郵便切手未使用高　　¥ 13,000

f．保険料前払高　　　　保険料のうち¥ 180,000は，本年10月 1 日に 1 年分を支払ったものであり，前払高を次期に繰り延べる。

g．家 賃 未 払 高　　　¥ 38,000

h．現金過不足勘定の¥ 30,000は雑益とする。

⑴

	借　　　方	貸　　　方
a		
b		
c		
d		
e		
f		
g		
h		

(2)

損 益 計 算 書

埼玉商店　　令和○年1月1日から令和○年12月31日まで　　　（単位：円）

費　　　用	金　　額	収　　　益	金　　額
売 上 原 価		売 上 高	
給 料		受 取 手 数 料	
（　　　　　　　）		（　　　　　　　）	
（　　　　　　　）			
通 信 費			
支 払 家 賃			
保 険 料			
消 耗 品 費			
雑 費			
（　　　　　　　）			
（　　　　　　　）			

貸 借 対 照 表

埼玉商店　　令和○年12月31日　　　（単位：円）

資　　　産	金　　額	負債および純資産	金　　額
現 金		支 払 手 形	
当 座 預 金		買 掛 金	
受 取 手 形 （　　　）		前 受 金	
貸倒引当金 （　　　）		（　　　　　　　）	
売 掛 金 （　　　）		（　　　　　　　）	
貸倒引当金 （　　　）		資 本 金	
有 価 証 券		（　　　　　　　）	
商 品			
（　　　　　　　）			
（　　　　　　　）			
備 品 （　　　）			
減価償却累計額 （　　　）			

2　次の資料から，定額法による減価償却費を計算しなさい。

元帳勘定残高

備　　　品　¥1,200,000　備品減価償却累計額　¥900,000

決算整理事項

a．減価償却高　定額法による。ただし，残存価額は零（0）耐用年数は5年とする。

> 定額法による減価償却費　¥

3　　栃木商店（個人企業　決算年1回　12月31日）の総勘定元帳勘定残高と決算整理事項は，次の
とおりであった。よって，⑴決算整理仕訳を示し，⑵損益計算書と貸借対照表を完成しなさい。

元帳勘定残高

現　　　　　金	¥ 429,000	当 座 預 金	¥ 2,357,000	受 取 手 形	¥ 1,600,000
売　　掛　　金	1,900,000	貸 倒 引 当 金	9,000	有 価 証 券	1,820,000
繰 越 商 品	1,640,000	備　　　　品	3,750,000	備品減価償却累計額	1,830,000
支 払 手 形	1,136,000	買　　掛　　金	1,156,000	借　入　金	1,500,000
資　　本　　金	7,000,000	引　出　金	120,000	売　　　上	16,905,000
受 取 手 数 料	123,000	固定資産売却益	67,000	仕　　　入	12,480,000
給　　　　料	2,142,000	発　送　費	345,000	支 払 家 賃	756,000
保　険　料	228,000	租 税 公 課	94,000	雑　　費	45,000
支 払 利 息	20,000				

決算整理事項

a．期末商品棚卸高　　　　¥ 1,520,000

b．貸 倒 見 積 高　　　　受取手形と売掛金の期末残高に対し，それぞれ1%とする。

c．備品減価償却高　　　　定率法による。ただし，償却率20%とする。

d．有価証券評価高　　　　有価証券は売買目的で保有している次の株式であり，時価によって評価する。
　　　　　　　　　　　　　　日光商事株式会社　35株　時価1株　¥ 55,000

e．収入印紙未使用高　　　¥ 9,000

f．保険料前払高　　　　　保険料のうち¥ 180,000は，本年4月1日からの1年分を支払ったもの
　　　　　　　　　　　　　であり，前払高を次期に繰り延べる。

g．利 息 未 払 高　　　　¥ 10,000

h．引出金勘定の¥ 120,000は整理する。

⑴

	借　　　方	貸　　　方
a		
b		
c		
d		
e		
f		
g		
h		

(2)　　　　　　　　　損 益 計 算 書

栃木商店　　　令和○年1月1日から令和○年12月31日まで　　（単位：円）

費　　用	金　額	収　　益	金　額
売 上 原 価		売 上 高	
給 料		受 取 手 数 料	
発 送 費		（　　　　　）	
（　　　　　）		固 定 資 産 売 却 益	
（　　　　　）			
支 払 家 賃			
保 険 料			
租 税 公 課			
雑 費			
（　　　　　）			
（　　　　　）			

貸 借 対 照 表

栃木商店　　　令和○年12月31日　　　　　　（単位：円）

資　　産	金　額	負債および純資産	金　額
現 金		支 払 手 形	
当 座 預 金		買 掛 金	
受 取 手 形（　）		借 入 金	
貸倒引当金（　）		（　　　　　）	
売 掛 金（　）		資 本 金	
貸倒引当金（　）		（　　　　　）	
有 価 証 券			
商 品			
（　　　　　）			
（　　　　　）			
備 品（　）			
減価償却累計額（　）			

4 次の資料から，定額法による減価償却費を計算しなさい。

元帳勘定残高

備 品 ¥2,400,000　　備品減価償却累計額 ¥1,200,000

決算整理事項

a. 減価償却高 定額法による。ただし，残存価額は零（0）耐用年数は8年とする。

定額法による減価償却費 ¥

固定資産の取引

1　次の取引の仕訳を示しなさい。
(1)　営業用に建物 ¥5,000,000 を買い入れ，代金は買入手数料 ¥680,000 とともに，小切手を振り出して支払った。
(2)　営業用に金庫 ¥500,000 を買い入れ，代金は据え付け費用 ¥20,000 とともに，月末に支払うことにした。
(3)　営業用の自動車 ¥1,500,000 を買い入れ，代金は小切手を振り出して支払った。
(4)　店舗の建設用に土地を買い入れ，この代金 ¥18,000,000 は月末に支払うことにした。なお，買入手数料などの諸費用 ¥820,000 は，小切手を振り出して支払った。

	借　　方	貸　　方
(1)		
(2)		
(3)		
(4)		

2　次の連続する取引の仕訳を示しなさい。
(1)　第2期初頭に，営業用の貨物自動車 ¥1,400,000 を購入し，代金は小切手を振り出して支払った。
(2)　決算にあたり，上記(1)の貨物自動車に対する減価償却費を定額法により計上した。ただし，耐用年数は5年　残存価額は零（0）とし，間接法により記帳する。
(3)　第6期初頭に，上記(1)の貨物自動車を ¥320,000 で売却し，代金は月末に受け取ることにした。

	借　　方	貸　　方
(1)		
(2)		
(3)		

3　次の取引の仕訳を示しなさい。
(1)　宮城商事株式会社は，取得原価 ¥800,000 の商品陳列ケースを ¥200,000 で売却し，代金は月末に受け取ることにした。なお，この商品陳列ケースに対する減価償却累計額は ¥540,000 であり，備品減価償却累計額勘定を用いて記帳している。
(2)　大阪商事株式会社は，取得原価 ¥1,130,000 の備品を ¥450,000 で売却し，代金は月末に受け取ることにした。なお，この備品の売却時における帳簿価額は ¥339,000 であり，これまでの減価償却費は間接法で記帳している。

	借　　方	貸　　方
(1)		
(2)		

株式会社の記帳

1　**次の取引の仕訳を示しなさい。**

(1)　秋田商事株式会社は，設立にさいし，株式500株を1株につき¥60,000で発行し，全額の引き受け・払い込みを受け，払込金は当座預金とした。

(2)　青森商事株式会社は，設立手続きを完了し，設立準備のために発起人が立て替えていた諸費用¥600,000を，小切手を振り出して支払った。

(3)　山形商事株式会社は，開業準備のための諸費用¥410,000を小切手を振り出して支払った。

(4)　宮城商事株式会社は，設立にさいし，株式400株を1株につき¥120,000で発行し，全額の引き受け・払い込みを受け，払込金は当座預金とした。なお，1株につき¥60,000は資本金に計上しないことにした。また，この株式の発行に要した諸費用¥900,000は小切手を振り出して支払った。

(5)　岩手商事株式会社は，事業拡張のため，あらたに株式300株を1株につき¥70,000で発行し，全額の引き受け・払い込みを受け，払込金は当座預金とした。なお，1株につき¥20,000は資本金に計上しないことにした。また，この株式の発行に要した諸費用¥520,000は小切手を振り出して支払った。

	借　　　　方	貸　　　　方
(1)		
(2)		
(3)		
(4)		
(5)		

2　**次の連続する取引の仕訳を示しなさい。**

(1)　第1期の決算の結果，当期純利益¥1,280,000を計上した。

(2)　株主総会において，繰越利益剰余金を次のとおり配当および処分することを決議した。なお，繰越利益剰余金勘定の貸方残高は¥1,280,000である。

　　　　配当金¥800,000　　利益準備金　¥80,000　　別途積立金　¥100,000

(3)　株主総会の翌日に，配当金の支払いを銀行に委託し，小切手を振り出して支払った。

(4)　第2期の決算の結果，当期純利益¥1,590,000を計上した。

	借　　　　方	貸　　　　方
(1)		
(2)		
(3)		
(4)		

3　次の連続する取引の仕訳を示しなさい。

(1)　第 5 期の決算の結果，当期純損失￥400,000を計上した。なお，繰越利益剰余金勘定は借方残高￥180,000である。

(2)　株主総会において，繰越利益剰余金の借方残高￥580,000を填補するため，別途積立金￥300,000を取り崩した。

(3)　第 6 期の決算の結果，当期純利益￥780,000を計上した。

	借　　　方	貸　　　方
(1)		
(2)		
(3)		

4　次の連続する取引の仕訳を示しなさい。

(1)　法人税，住民税及び事業税の中間申告を行い，前年度の法人税，住民税及び事業税の合計額￥600,000の 2 分の 1 を小切手を振り出して納付した。

(2)　決算にあたり，当期の法人税，住民税及び事業税の合計額￥720,000を計上した。

(3)　法人税，住民税及び事業税の確定申告を行い，上記(2)の未払法人税等￥420,000を小切手を振り出して納付した。

	借　　　方	貸　　　方
(1)		
(2)		
(3)		

5　次の取引の仕訳を示しなさい。

(1)　長野商事株式会社は，設立にさいし，株式500株を 1 株につき￥75,000で発行し，全額の引き受け・払い込みを受け，払込金は当座預金とした。なお， 1 株につき￥25,000は資本金に計上しないことにした。また，この株式の発行に要した諸費用￥1,200,000は小切手を振り出して支払った。

(2)　山梨商事株式会社は，株主総会において，繰越利益剰余金の貸方残高￥4,780,000のうち￥3,700,000を配当する決議を行った。また，￥370,000を利益準備金として計上した。

(3)　富山商事株式会社は，決算の結果，当期純損失￥860,000を計上した。

(4)　岡山商事株式会社は，法人税，住民税及び事業税の確定申告を行い，決算で計上した法人税，住民税及び事業税の額￥1,280,000から中間申告による納付額￥620,000を差し引いた額を現金で納付した。

	借　　　方	貸　　　方
(1)		
(2)		
(3)		
(4)		

長期休暇演習ノート簿記2

［解 答 編］

実教出版

伝票（p.1〜3）

1

入　金　伝　票
令和○年 1 月 10 日　　No. 1

科目	売　　上	入金先	青森商店殿

摘　　　要	金　　額
A品 200個 @¥600	1 2 0 0 0 0
合　　計	1 2 0 0 0 0

入　金　伝　票
令和○年 1 月 16 日　　No. 2

科目	売　　上	入金先	宮城商店殿

摘　　　要	金　　額
B品 300個 @¥500代金の一部	5 0 0 0 0
合　　計	5 0 0 0 0

出　金　伝　票
令和○年 1 月 13 日　　No. 1

科目	仕　　入	支払先	秋田商店殿

摘　　　要	金　　額
B品 500個 @¥400	2 0 0 0 0 0
合　　計	2 0 0 0 0 0

出　金　伝　票
令和○年 1 月 17 日　　No. 2

科目	備　　品	支払先	山形商会殿

摘　　　要	金　　額
事務用コンピュータ	2 0 0 0 0 0
合　　計	2 0 0 0 0 0

振　替　伝　票
令和○年 1 月 14 日　　No. 1

勘定科目	借　　方	勘定科目	貸　　方
買　掛　金	3 9 0 0 0 0	当座預金	3 9 0 0 0 0
合　　計	3 9 0 0 0 0	合　　計	3 9 0 0 0 0

摘要　岩手商店に掛け代金支払い　小切手#15

振　替　伝　票
令和○年 1 月 16 日　　No. 2

勘定科目	借　　方	勘定科目	貸　　方
売　掛　金	1 0 0 0 0 0	売　　上	1 0 0 0 0 0
合　　計	1 0 0 0 0 0	合　　計	1 0 0 0 0 0

摘要　宮城商店に売り上げ　B品　300個　@500の代金の一部

2

4月2日

振替伝票（借　方）	振替伝票（貸　方）
（仕　　入）（240,000）	（買　掛　金）（240,000）

出　金　伝　票
（買　掛　金）（240,000）

5月8日

振替伝票（借　方）	振替伝票（貸　方）
（売　掛　金）（520,000）	（売　　上）（520,000）

振替伝票（借　方）	振替伝票（貸　方）
（当座預金）（200,000）	（売　掛　金）（200,000）

6月2日

振替伝票（借　方）	振替伝票（貸　方）
（売　掛　金）（270,000）	（売　　上）（270,000）

振替伝票（借　方）	振替伝票（貸　方）
（前　受　金）（100,000）	（売　掛　金）（100,000）

入　金　伝　票
（売　掛　金）（170,000）

3

仕　訳　集　計　表
令和○年6月1日

借　方	元丁	勘　定　科　目	元丁	貸　方
686,000		現　　　　金		167,000
150,000		当　座　預　金		324,000
1,050,000		売　　掛　　金		620,000
		仮　払　金		50,000
189,000		買　　掛　　金		207,000
		売　　　　上		1,050,000
		受　取　手　数　料		45,000
207,000		仕　　　　入		
102,000		広　　告　　料		
26,000		交　　通　　費		
44,000		旅　　　　費		
9,000		消　耗　品　費		
2,463,000				2,463,000

売　掛　金　元　帳

伊　東　商　店　　　　　1

6/1	前月繰越	150,000	6/1		120,000
〃		370,000			

熱　海　商　店　　　　　2

6/1	前月繰越	160,000	6/1		100,000
〃		280,000	〃		150,000

箱　根　商　店　　　　　3

6/1	前月繰越	80,000	6/1		250,000
〃		400,000			

手形取引（p. 4 ～ 6）

①

		借　　方		貸　　方	
高知	3/8	受 取 手 形	400,000	売　　上	400,000
商店	5/8	当 座 預 金	400,000	受 取 手 形	400,000
徳島	3/8	仕　　入	400,000	支 払 手 形	400,000
商店	5/8	支 払 手 形	400,000	当 座 預 金	400,000

②

	借　　方		貸　　方	
(1)	受 取 手 形	300,000	売　　上	480,000
	売 掛 金	180,000		
(2)	支 払 手 形	240,000	当 座 預 金	240,000
(3)	仕　　入	350,000	受 取 手 形	200,000
			買 掛 金	150,000
(4)	当 座 預 金	398,000	受 取 手 形	400,000
	手 形 売 却 損	2,000		

③

	借　　方		貸　　方	
6/2	受 取 手 形	250,000	売　　上	250,000
5	当 座 預 金	300,000	受 取 手 形	300,000
7	仕　　入	130,000	支 払 手 形	130,000
9	受 取 手 形	520,000	売 掛 金	520,000
18	仕　　入	300,000	受 取 手 形	250,000
			買 掛 金	50,000
20	当 座 預 金	518,000	受 取 手 形	520,000
	手 形 売 却 損	2,000		
28	支 払 手 形	280,000	当 座 預 金	280,000

受 取 手 形 記 入 帳　　4

令和○年		摘　要	金　額	手形種類	手形番号	支払人	振出人または裏書人	振出日		支払期日		支払場所	て　ん　末		
													月	日	摘　要
4	5	売 り 上 げ	300,000	約手	14	目黒商店	目黒商店	4	5	6	5	東西銀行	6	5	入　金
6	2	売 り 上 げ	250,000	約手	7	池袋商店	池袋商店	4	6	5	29	東西銀行	6	18	裏書譲渡
	9	売掛金回収	520,000	約手	2	渋谷商店	渋谷商店	6	9	8	9	東西銀行	6	20	割　引

支 払 手 形 記 入 帳　　4

令和○年		摘　要	金　額	手形種類	手形番号	受取人	振出人	振出日		支払期日		支払場所	て　ん　末		
													月	日	摘　要
5	28	買掛金支払い	280,000	約手	8	荒川商店	当　店	5	28	6	28	南北銀行	6	28	支 払 い
6	7	仕 入 れ	130,000	約手	9	品川商店	当　店	6	7	7	7	南北銀行			

④

	借　　方		貸　　方	
山梨	受 取 手 形	800,000	受 取 手 形	800,000
商店	現　金	4,000	受 取 利 息	4,000
静岡	支 払 手 形	800,000	支 払 手 形	800,000
商店	支 払 利 息	4,000	現　金	4,000

⑤

	借　　方		貸　　方	
(1)	不 渡 手 形	243,000	受 取 手 形	240,000
			現　金	3,000
(2)	現　金	244,000	不 渡 手 形	243,000
			受 取 利 息	1,000
(3)	貸 倒 引 当 金	180,000	不 渡 手 形	301,000
	貸 倒 損 失	121,000		

⑥

	借　　方		貸　　方	
(1)	車 両 運 搬 具	2,000,000	営業外支払手形	2,000,000
(2)	営業外受取手形	6,700,000	土　地	6,000,000
			固定資産売却益	700,000

有価証券（p.7）

①

	借　方		貸　方	
(1)	有 価 証 券	1,340,000	現　　　金	1,340,000
(2)	当 座 預 金	800,000	有 価 証 券	670,000
			有価証券売却益	130,000
(3)	有 価 証 券	2,840,000	当 座 預 金	2,840,000
(4)	未 収 入 金	1,360,000	有 価 証 券	1,420,000
	有価証券売却損	60,000		

②

	借　方		貸　方	
(1)	有 価 証 券	4,850,000	当 座 預 金	4,850,000
(2)	現　　　金	1,960,000	有 価 証 券	1,940,000
			有価証券売却益	20,000
(3)	有 価 証 券	2,950,000	未 払 金	2,950,000
(4)	当 座 預 金	3,880,000	有 価 証 券	3,920,000
	有価証券売却損	40,000		

本支店会計（p.8～11）

①

		借　方		貸　方	
(1)	本店	支　　店	800,000	現　　金	500,000
				備　　品	300,000
	支店	現　　金	500,000	本　　店	800,000
		備　　品	300,000		
(2)	本店	現　　金	320,000	支　　店	320,000
	支店	本　　店	320,000	売　掛　金	320,000
(3)	本店	買　掛　金	190,000	支　　店	190,000
	支店	本　　店	190,000	現　　金	190,000
(4)	本店	通　信　費	120,000	現　　金	200,000
		支　　店	80,000		
	支店	通　信　費	80,000	本　　店	80,000
(5)	本店	支　　店	170,000	仕　　入	170,000
	支店	仕　　入	170,000	本　　店	170,000
(6)	本店	仕　　入	20,000	支　　店	20,000
	支店	本　　店	20,000	仕　　入	20,000

総 勘 定 元 帳 （本店）

支　　　　店

(1)	800,000	(2)	320,000
(4)	80,000	(3)	190,000
(5)	170,000	(6)	20,000

総 勘 定 元 帳 （支店）

本　　　　店

(2)	320,000	(1)	800,000
(3)	190,000	(4)	80,000
(6)	20,000	(5)	170,000

②

		借　方		貸　方	
(1)	本店	支　　店	230,000	損　　益	230,000
	支店	損　　益	230,000	本　　店	230,000
(2)	本店	損　　益	190,000	支　　店	190,000
	支店	本　　店	190,000	損　　益	190,000

③

		借　方		貸　方	
(1)	本　店	足 利 支 店	100,000	栃 木 支 店	100,000
	栃木支店	本　　店	100,000	現　　金	100,000
	足利支店	当 座 預 金	100,000	本　　店	100,000
(2)	本　店	宇 都 宮 支 店	390,000	佐 野 支 店	390,000
	佐野支店	本　　店	390,000	仕　　入	390,000
	宇都宮支店	仕　　入	390,000	本　　店	390,000
(3)	本　店	大 宮 支 店	250,000	春 日 部 支 店	250,000
	大宮支店	現　　金	250,000	本　　店	250,000
	春日部支店	本　　店	250,000	売　掛　金	250,000
(4)	本　店	浦 和 支 店	160,000	川 口 支 店	160,000
	川口支店	本　　店	160,000	当 座 預 金	160,000
	浦和支店	買　掛　金	160,000	本　　店	160,000
(5)	本　店	日 高 支 店	45,000	秩 父 支 店	45,000
	秩父支店	本　　店	45,000	現　　金	45,000
	日高支店	旅　　費	45,000	本　　店	45,000
(6)	本　店	広　告　料	240,000	所 沢 支 店	340,000
		狭 山 支 店	100,000		
	所沢支店	広　告　料	120,000	当 座 預 金	460,000
		本　　店	340,000		
	狭山支店	広　告　料	100,000	本　　店	100,000

④

(1)

本 店 損 益 計 算 書

岩手商店　令和○年1月1日から令和○年12月31日まで（単位：円）

費　用	金　額	収　益	金　額
売 上 原 価	832,000	売 上 高	1,930,000
給　　料	240,000		
広　告　料	127,000		
支 払 家 賃	174,000		
貸倒引当金繰入	1,000		
減 価 償 却 費	260,000		
支 払 利 息	2,000		
当 期 純 利 益	294,000		
	1,930,000		1,930,000

本 店 貸 借 対 照 表

岩手商店　令和○年12月31日　（単位：円）

資　産	金　額	負債および純資産	金　額
現　金	507,000	買　掛　金	324,000
売掛金 (400,000)		借　入　金	500,000
貸倒引当金 (12,000)	388,000	資　本　金	2,000,000
商　品	590,000	当 期 純 利 益	294,000
備　品	780,000		
支　店	853,000		
	3,118,000		3,118,000

—5—

支店損益計算書

岩手商店　　令和○年1月1日から令和○年12月31日まで（単位：円）

費　用	金　額	収　益	金　額
売 上 原 価	483,000	売 上 高	980,000
給 料	126,000		
広 告 料	81,000		
支 払 家 賃	90,000		
貸倒引当金繰入	4,000		
減 価 償 却 費	130,000		
当 期 純 利 益	66,000		
	980,000		980,000

支店貸借対照表

岩手商店　　令和○年12月31日　　（単位：円）

資　産	金　額	負債および純資産	金　額
現 金	253,000	買 掛 金	265,000
売 掛 金（300,000）		本 店	853,000
貸倒引当金（9,000）	291,000	当 期 純 利 益	66,000
商 品	250,000		
備 品	390,000		
	1,184,000		1,184,000

(2)

借　方		貸　方	
本店 支　店	66,000	損　益	66,000
支店 損　益	66,000	本　店	66,000

(3)

合併損益計算書

岩手商店　　令和○年1月1日から令和○年12月31日まで（単位：円）

費　用	金　額	収　益	金　額
売 上 原 価	1,315,000	売 上 高	2,910,000
給 料	366,000		
広 告 料	208,000		
支 払 家 賃	264,000		
貸倒引当金繰入	5,000		
減 価 償 却 費	390,000		
支 払 利 息	2,000		
当 期 純 利 益	360,000		
	2,910,000		2,910,000

合併貸借対照表

岩手商店　　令和○年12月31日　　（単位：円）

資　産	金　額	負債および純資産	金　額
現 金	760,000	買 掛 金	589,000
売 掛 金 700,000		借 入 金	500,000
貸倒引当金 21,000	679,000	資 本 金	2,000,000
商 品	840,000	当 期 純 利 益	360,000
備 品	1,170,000		
	3,449,000		3,449,000

決算整理（p.12〜15）

1

	借　方		貸　方	
整理	仕 入	140,000	繰 越 商 品	140,000
仕訳	繰 越 商 品	170,000	仕 入	170,000
振替	売 上	1,255,000	損 益	1,255,000
仕訳	損 益	910,000	仕 入	910,000

繰越商品

1/1 前期繰越	140,000	12/31 仕 入	140,000
12/31 仕 入	170,000	〃 次期繰越	170,000
	310,000		310,000

売上

12/31 損 益	1,255,000		1,255,000

仕入

	940,000	12/31 繰越商品	170,000
12/31 繰越商品	140,000	〃 損 益	910,000
	1,080,000		1,080,000

損益

12/31 仕 入	910,000	12/31 売 上	1,255,000

2

	借　方		貸　方	
整理仕訳	貸倒引当金繰入	12,000	貸 倒 引 当 金	12,000
振替仕訳	損 益	12,000	貸倒引当金繰入	12,000

貸倒引当金

6/15 売 掛 金	25,000	1/1 前期繰越	56,000
12/31 次期繰越	43,000	12/31 貸倒引当金繰入	12,000
	68,000		68,000

貸倒引当金繰入

12/31 貸倒引当金	12,000	12/31 損 益	12,000

3

	借　方		貸　方	
整理仕訳	有価証券評価損	30,000	有 価 証 券	30,000
振替仕訳	損 益	30,000	有価証券評価損	30,000

有価証券

	1,330,000	12/31 有価証券評価損	30,000
		〃 次期繰越	1,300,000
	1,330,000		1,330,000

有価証券評価損

12/31 有価証券	30,000	12/31 損 益	30,000

4

	借　方		貸　方	
整理仕訳	有 価 証 券	30,000	有価証券評価益	30,000

5

	借　方		貸　方	
整理仕訳	減 価 償 却 費	250,000	備品減価償却累計額	250,000
振替仕訳	損 益	250,000	減 価 償 却 費	250,000

備品

1/1	前期繰越	1,500,000	12/31	次期繰越	1,500,000

備品減価償却累計額

12/31	次期繰越	750,000	1/1	前期繰越	500,000
			12/31	減価償却費	250,000
		750,000			750,000

減価償却費

12/31	備品減価償却累計額	250,000	12/31	損益	250,000

⑥

	減価償却費	減価償却累計額
第1期末	¥ 300,000	¥ 300,000
第2期末	¥ 240,000	¥ 540,000
第3期末	¥ 192,000	¥ 732,000

⑦

	借 方		貸 方	
3/1	保険料	144,000	現金	144,000
12/31	前払保険料	24,000	保険料	24,000
〃	損益	120,000	保険料	120,000
1/1	保険料	24,000	前払保険料	24,000

保険料

3/1	現金	144,000	12/31	前払保険料	24,000
			〃	損益	120,000
		144,000			144,000
1/1	前払保険料	24,000			

前払保険料

12/31	保険料	24,000	12/31	次期繰越	24,000
1/1	前期繰越	24,000	1/1	保険料	24,000

⑧

	借 方		貸 方	
10/1	現金	400,000	受取家賃	400,000
12/31	受取家賃	160,000	前受家賃	160,000
〃	受取家賃	240,000	損益	240,000
1/1	前受家賃	160,000	受取家賃	160,000

受取家賃

12/31	前受家賃	160,000	10/1	現金	400,000
〃	損益	240,000			
		400,000			400,000
			1/1	前受家賃	160,000

前受家賃

12/31	次期繰越	160,000	12/31	受取家賃	160,000
1/1	受取家賃	160,000	1/1	前期繰越	160,000

⑨

	借 方		貸 方	
12/31	支払利息	45,000	未払利息	45,000
〃	損益	180,000	支払利息	180,000
1/1	未払利息	45,000	支払利息	45,000
3/31	支払利息	90,000	現金	90,000

支払利息

		135,000	12/31	損益	180,000
12/31	未払利息	45,000			
		180,000			180,000
3/31	現金	90,000	1/1	未払利息	45,000

未払利息

12/31	次期繰越	45,000	12/31	支払利息	45,000
1/1	支払利息	45,000	1/1	前期繰越	45,000

⑩

	借 方		貸 方	
12/31	未収家賃	90,000	受取家賃	90,000
〃	受取家賃	1,080,000	損益	1,080,000
1/1	受取家賃	90,000	未収家賃	90,000
2/28	現金	270,000	受取家賃	270,000

受取家賃

12/31	損益	1,080,000			990,000
			12/31	未収家賃	90,000
		1,080,000			1,080,000
1/1	未収家賃	90,000	2/28	現金	270,000

未収家賃

12/31	受取家賃	90,000	12/31	次期繰越	90,000
1/1	前期繰越	90,000	1/1	受取家賃	90,000

⑪

	借 方		貸 方	
a	仕入	1,210,000	繰越商品	1,210,000
	繰越商品	1,320,000	仕入	1,320,000
b	貸倒引当金繰入	21,000	貸倒引当金	21,000
c	減価償却費	360,000	備品減価償却累計額	360,000
d	有価証券評価損	70,000	有価証券	70,000
e	貯蔵品	13,000	租税公課	13,000
f	前払保険料	51,000	保険料	51,000
g	支払家賃	70,000	未払家賃	70,000
h	雑損	20,000	現金過不足	20,000
i	当座預金	123,000	当座借越	123,000
j	資本金	80,000	引出金	80,000

精算表 (p.16～17)

	借　　　　方		貸　　　　方	
a	仕　　　　　入	840,000	繰 越 商 品	840,000
	繰 越 商 品	870,000	仕　　　　　入	870,000
b	貸倒引当金繰入	12,000	貸 倒 引 当	12,000
c	減 価 償 却 費	408,000	建物減価償却累計額	152,000
			備品減価償却累計額	256,000
d	有価証券評価損	70,000	有 価 証 券	70,000
e	貯 蔵 品	25,000	租 税 公 課	25,000
f	前 払 保 険 料	315,000	保 　険 　料	315,000
g	受 取 地 代	28,000	前 受 地 代	28,000
h	未 収 利 息	15,000	受 取 利 息	15,000

精　算　表
令和〇年12月31日

勘 定 科 目	残高試算表 借方	貸方	整理記入 借方	貸方	損益計算書 借方	貸方	貸借対照表 借方	貸方
現　　　　金	810,000						810,000	
当 座 預 金	1,240,000						1,240,000	
受 取 手 形	650,000						650,000	
売 　掛 　金	1,500,000						1,500,000	
貸 倒 引 当 金		31,000		12,000				43,000
有 価 証 券	1,530,000			70,000			1,460,000	
繰 越 商 品	840,000		870,000	840,000			870,000	
貸 　付 　金	680,000						680,000	
建　　　　物	3,800,000						3,800,000	
建物減価償却累計額		1,824,000		152,000				1,976,000
備　　　　品	2,000,000						2,000,000	
備品減価償却累計額		720,000		256,000				976,000
土　　　　地	1,480,000						1,480,000	
支 払 手 形		1,450,000						1,450,000
買 　掛 　金		2,080,000						2,080,000
資 　本 　金		7,000,000						7,000,000
売　　　　上		9,470,000				9,470,000		
受 取 地 代		364,000	28,000			336,000		
受 取 利 息		12,000		15,000		27,000		
仕　　　　入	4,700,000		840,000	870,000	4,670,000			
給　　　　料	2,940,000				2,940,000			
保 　険 　料	704,000			315,000	389,000			
租 税 公 課	63,000			25,000	38,000			
雑　　　　費	14,000				14,000			
	22,951,000	22,951,000						
貸倒引当金繰入			12,000		12,000			
減 価 償 却 費			408,000		408,000			
有価証券評価(損)			70,000		70,000			
貯 　蔵 　品			25,000				25,000	
(前払)保険料			315,000				315,000	
(前受)地代				28,000				28,000
未 収 利 息			15,000				15,000	
当期純(利益)					1,292,000			1,292,000
			2,583,000	2,583,000	9,833,000	9,833,000	14,845,000	14,845,000

損益計算書と貸借対照表の作成（p.18～21）

1 (1)

	借　　方		貸　　方	
a	仕　　　　　入	1,090,000	繰 越 商 品	1,090,000
	繰 越 商 品	1,140,000	仕　　　　　入	1,140,000
b	貸誰引当金繰入	87,000	貸 倒 引 当 金	87,000
c	減 価 償 却 費	270,000	備品減価償却累計額	270,000
d	有価証券評価損	100,000	有 価 証 券	100,000
e	貯 蔵 品	13,000	通 信 費	13,000
f	前 払 保 険 料	135,000	保 険 料	135,000
g	支 払 家 賃	38,000	未 払 家 賃	38,000
h	現 金 過 不 足	30,000	雑 益	30,000

(2)

損 益 計 算 書
埼玉商店　令和○年1月1日から令和○年12月31日まで　（単位：円）

費　　用	金　額	収　　益	金　額
売 上 原 価	7,300,000	売 上 高	9,860,000
給　　料	895,000	受 取 手 数 料	273,000
(貸倒引当金繰入)	87,000	(雑　益)	30,000
(減価償却費)	270,000		
通 信 費	37,000		
支 払 家 賃	456,000		
保 険 料	105,000		
消 耗 品 費	65,000		
雑 費	19,000		
(有価証券評価損)	100,000		
(当 期 純 利 益)	829,000		
	10,163,000		10,163,000

貸 借 対 照 表
埼玉商店　令和○年12月31日　（単位：円）

資　　産	金　額	負債および純資産	金　額
現　　金	542,000	支 払 手 形	1,280,000
当 座 預 金	3,440,000	買 掛 金	2,400,000
受 取 手 形 (1,500,000)		前 受 金	250,000
貸倒引当金 (45,000)	1,455,000	(従業員預り金)	50,000
売 掛 金 (2,100,000)		(未 払 家 賃)	38,000
貸倒引当金 (63,000)	2,037,000	資 本 金	6,000,000
有 価 証 券	1,275,000	(当期純利益)	829,000
商　　品	1,140,000		
(貯 蔵 品)	13,000		
(前払保険料)	135,000		
備　　品 (1,920,000)			
減価償却累計額 (1,110,000)	810,000		
	10,847,000		10,847,000

2

定額法による減価償却費　¥240,000

3 (1)

	借　　方		貸　　方	
a	仕　　　　　入	1,640,000	繰 越 商 品	1,640,000
	繰 越 商 品	1,520,000	仕　　　　　入	1,520,000
b	貸 倒 引 当 金 繰 入	26,000	貸 倒 引 当 金	26,000
c	減 価 償 却 費	384,000	備品減価償却累計額	384,000
d	有 価 証 券	105,000	有価証券評価益	105,000
e	貯 蔵 品	9,000	租 税 公 課	9,000
f	前 払 保 険 料	45,000	保 険 料	45,000
g	支 払 利 息	10,000	未 払 利 息	10,000
h	資 本 金	120,000	引 出 金	120,000

(2)

損 益 計 算 書
栃木商店　令和○年1月1日から令和○年12月31日まで　（単位：円）

費　　用	金　額	収　　益	金　額
売 上 原 価	12,600,000	売 上 高	16,905,000
給　　料	2,142,000	受 取 手 数 料	123,000
発 送 費	345,000	(有価証券評価益)	105,000
(貸倒引当金繰入)	26,000	固定資産売却益	67,000
(減価償却費)	384,000		
支 払 家 賃	756,000		
保 険 料	183,000		
租 税 公 課	85,000		
雑 費	45,000		
(支 払 利 息)	30,000		
(当 期 純 利 益)	604,000		
	17,200,000		17,200,000

貸 借 対 照 表
栃木商店　令和○年12月31日　（単位：円）

資　　産	金　額	負債および純資産	金　額
現　　金	429,000	支 払 手 形	1,136,000
当 座 預 金	2,357,000	買 掛 金	1,156,000
受 取 手 形 (1,600,000)		借 入 金	1,500,000
貸倒引当金 (16,000)	1,584,000	(未 払 利 息)	10,000
売 掛 金 (1,900,000)		資 本 金	6,880,000
貸倒引当金 (19,000)	1,881,000	(当期純利益)	604,000
有 価 証 券	1,925,000		
商　　品	1,520,000		
(貯 蔵 品)	9,000		
(前払保険料)	45,000		
備　　品 (3,750,000)			
減価償却累計額 (2,214,000)	1,536,000		
	11,286,000		11,286,000

4

定額法による減価償却費　¥300,000

固定資産の取引

1

	借　　　方		貸　　　方	
(1)	建　　　　物	5,680,000	当 座 預 金	5,680,000
(2)	備　　　　品	520,000	未 払 金	520,000
(3)	車 両 運 搬 具	1,500,000	当 座 預 金	1,500,000
(4)	土　　　　地	18,820,000	未 払 金	18,000,000
			当 座 預 金	820,000

2

	借　　　方		貸　　　方	
(1)	車 両 運 搬 具	1,400,000	当 座 預 金	1,400,000
(2)	減 価 償 却 費	280,000	車両運搬具減価償却累計額	280,000
(3)	車両運搬具減価償却累計額	1,120,000	車 両 運 搬 具	1,400,000
	未 収 入 金	320,000	固定資産売却益	40,000

3

	借　　　方		貸　　　方	
(1)	備品減価償却累計額	540,000	備　　　　品	800,000
	未 収 入 金	200,000		
	固定資産売却損	60,000		
(2)	備品減価償却累計額	791,000	備　　　　品	1,130,000
	未 収 入 金	450,000	固定資産売却益	111,000

株式会社の記帳

1

	借　　　方		貸　　　方	
(1)	当 座 預 金	30,000,000	資 本 金	30,000,000
(2)	創 立 費	600,000	当 座 預 金	600,000
(3)	開 業 費	410,000	当 座 預 金	410,000
(4)	当 座 預 金	48,000,000	資 本 金	24,000,000
			資 本 準 備 金	24,000,000
	創 立 費	900,000	当 座 預 金	900,000
(5)	当 座 預 金	21,000,000	資 本 金	15,000,000
			資 本 準 備 金	6,000,000
	株 式 交 付 費	520,000	当 座 預 金	520,000

2

	借　　　方		貸　　　方	
(1)	損 益	1,280,000	繰越利益剰余金	1,280,000
(2)	繰越利益剰余金	980,000	未 払 配 当 金	800,000
			利 益 準 備 金	80,000
			別 途 積 立 金	100,000
(3)	未 払 配 当 金	800,000	当 座 預 金	800,000
(4)	損 益	1,590,000	繰越利益剰余金	1,590,000

3

	借　　　方		貸　　　方	
(1)	繰越利益剰余金	400,000	損 益	400,000
(2)	別 途 積 立 金	300,000	繰越利益剰余金	300,000
(3)	損 益	780,000	繰越利益剰余金	780,000

4

	借　　　方		貸　　　方	
(1)	仮 払 法 人 税 等	300,000	当 座 預 金	300,000
(2)	法 人 税 等	720,000	仮 払 法 人 税 等	300,000
			未 払 法 人 税 等	420,000
(3)	未 払 法 人 税 等	420,000	当 座 預 金	420,000

5

	借　　　方		貸　　　方	
(1)	当 座 預 金	37,500,000	資 本 金	25,000,000
			資 本 準 備 金	12,500,000
	創 立 費	1,200,000	当 座 預 金	1,200,000
(2)	繰越利益剰余金	4,070,000	未 払 配 当 金	3,700,000
			利 益 準 備 金	370,000
(3)	繰越利益剰余金	860,000	損 益	860,000
(4)	未 払 法 人 税 等	660,000	現 金	660,000